Marianne Vogel Kopp · dem heiligen lauschen

T V Z

Marianne Vogel Kopp

dem heiligen lauschen

Gedichte aus der Stille

Mit Kalligrafien von Anja Kiel

T V Z
Theologischer Verlag Zürich

Der Theologische Verlag Zürich wird vom Bundesamt für Kultur für die Jahre 2021–2024 unterstützt.

Bibliografische Informationen der Deutschen Nationalbibliothek
Die Deutsche Nationalbibliothek verzeichnet diese Publikation in der Deutschen Nationalbibliografie; detaillierte bibliografische Daten sind im Internet über http://dnb.dnb.de abrufbar.

Umschlaggestaltung
Simone Ackermann, Zürich
Unter Verwendung einer Kalligrafie von Anja Kiel

Kalligrafien: Anja Kiel

Druck
CPI books GmbH, Leck

ISBN 978-3-290-18476-6 (Print)
ISBN 978-3-290-18477-3 (E-Book: PDF)

www.tvz-verlag.ch

Inhalt

Vorwort

Es gibt im Christentum eine Fülle unterschiedlicher Gebetstraditionen, vom verbalen Dialog mit Gott bis zum bildlosen Schweigegebet. Kontemplatives Beten gilt als die tiefste, anspruchsvollste Form, die Beziehung zu Gott zu pflegen: in Stille und ruhender Konzentration.

Der Weg der Entschleunigung und des Schweigens führt spirituell Suchende gerade in der gegenwärtigen, überstimulierten Zeit ins Innehalten und Lauschen: Persönliche Erfahrungen mit dem Geheimnis «Gott» verbinden sie mit allem Lebendigen, es öffnet ihre Sinne für die Präsenz des Heiligen mitten im Alltag. Dazu lädt der kontemplative Gebetsweg ein, den christliche Mystiker aller Zeiten beschritten haben.

Mystiker können alle werden, die sich auf den Weg in ihr tiefstes Inneres machen. Dieses demokratische Element der Mystik haben sowohl Martin Luther als auch Dorothee Sölle betont. Jedem Menschen ist es möglich, der Sehnsucht nach seinem Ursprung – seinem gottebenbildlichen Wesen – zu folgen.

Aus der Gottesbegegnung, die zunächst auf jene «Innenregion des Herzens» abzielt, kann sich allmählich eine befreite Lebenspraxis entfalten. In ihr erfährt der oder die Übende die gelassene Zugehörigkeit zu Gott, der immer schon da ist. Wie es schon Meister Eckhart auf den Punkt brachte: «Gott ist immer in uns, nur wir sind so selten zu Hause.»

Der kontemplative oder mystische Weg ist kein Spaziergang, eher ein Übungsweg, der Ausdauer verlangt. Es ist ein Erfahrungsweg, für den es zwar praktische Anleitungen gibt, der sich aber erst durchs Tun erschliesst. Es braucht den «Sprung in den Brunnen». Nicht umsonst lautet das 74. Logion der Spruchsammlung, die als Thomasevangelium bekannt ist: «Viele stehen um den Brunnen herum, aber es ist niemand im Brunnen.»

Diese Gebets- oder Meditationspraxis besteht weniger aus Dazulernen. Sie fordert zum weit schwierigeren *Ver*lernen auf. Es ist ein Weg der Hingabe, auf dem die Ich-Bezogenheit abnimmt. Das eigene Streben nach Sicherheit, Macht und Anerkennung gilt es aufzuspüren und nach und nach loszulassen.

Kontemplation, das fraglose Ruhen in Gott, macht meditativ Praktizierende immer durchlässiger, wie es das Jesuswort aus der Bergpredigt ins Bild fasst: «Das Licht des Leibes ist das Auge. Wenn dein Auge lauter ist, wird dein ganzer Leib von Licht erfüllt sein.» (Mt 6,22) Eine ursprüngliche Beschreibung von Kontemplation lautet daher auch «leuchtendes Sehen». Wer sich dieser Verwandlung annähert, erfährt sich selbst immer mehr als wahrhaftiger Mensch. Demut und Mitgefühl, Bewusstsein und Freiheit wachsen.

Selbstverständlich verändert sich ein Mensch, der diesen mystischen oder kontemplativen Weg geht, auch in seinem Verhalten: Es fällt ihm oder ihr immer leichter, die Menschen, mit denen er oder sie zusammenlebt, bedingungslos anzunehmen und zu erkennen, was der Schöpfung schadet. Daraus folgen Taten.

Dieses Buch ist keine direkte Anleitung zum kontemplativen Übungsweg. Doch seine Gedichte sind in dieser Stille und im Lauschen auf das Heilige entstanden. Sie ermutigen zu eigenständiger Erfahrung, Berührung und Verwandlung.

Aufbau

Die Einübung des kontemplativen Lebens wird oft als ein Stufenweg – hinauf oder hinab – beschrieben. Dorothee Sölle verwendete das Bild von «Hinreise und Rückreise»; Teresa von Avila bediente sich der Metapher «innere Burg», um die Schichten zu beschreiben, die in diesem Annäherungsprozess zu überwinden und abzutragen sind.

Die vorliegenden lyrischen Meditationen – oder spirituellen Gedichte – laden zum Eintreten in sechs ineinandergreifende Räume ein.

I. Neue Denkräume ertasten

Unser Ich-Verständnis hat sich aus den Umständen unserer Herkunft und Entwicklung gebildet. Je besser wir uns selbst kennenlernen, desto mehr entpuppt sich unsere Wahrnehmung als verzerrt und subjektiv. Im ehrlichen Hinschauen realisieren wir immer deutlicher die Tönung unserer eigenen Wahrnehmungsbrille. Wir erschrecken darüber, wie gefangen wir sind in Denkmustern, Wiederholungen und Gewohnheiten. Wir erkennen ernüchtert, welch machtvoller «Autopilot» uns steuert.

Manchmal braucht es eine Krise, einen gescheiterten Lebensentwurf, ein Ausbrennen, um sich dieses Hamsterrads bewusst zu werden. Dann ist erst einmal Innehalten angesagt: Was läuft da ab? Muss das denn immer so weitergehen? Sind neue Denkräume möglich? Erst wenn wir das Bedürfnis ernstnehmen, langsamer und echter zu leben, realisieren wir, dass immer schon leise ein spiritueller Hunger da war.

Einige tasten sich erstmals an Meditation heran. Andere entdecken die Natur als Lehrmeisterin und machen hier urreligiöse Erfahrungen des Staunens. Menschen in dieser Phase erahnen oft einiges. Sie werden innerlich berührt, verschliessen diese Erfahrung aber wieder, weil sie sie noch nicht einordnen können in ihre Weltsicht oder ihr Menschenbild. Viele sind als religiöse Analphabeten aufgewachsen und haben daher für ihre ungewohnten religiösen Erlebnisse (noch) keine Sprache.

Dass die erste Einladung Jesu an die Menschen die *metanoia* ist, also die Denk-Umkehr, passt für uns – gegenwärtig extrem kopflastigen – Menschen immer noch perfekt.

II. Meinen Innenraum gewahren

Der Wechsel der Blickrichtung nach innen eröffnet einen ganz neuen Kosmos: «Schichten» von Bewusstsein laden zum Erkunden ein. Wer bin ich eigentlich? Wo verhalte ich mich so, dass ich bei anderen Gefallen oder Anerkennung wecke? Wo versuche ich lediglich, Konflikte zu vermeiden? Lange vermögen wir ein Idealbild von uns aufrecht zu erhalten. Spätestens in der Erschütterung der Lebensmitte wächst aber das Bedürfnis, echter, ehrlicher und freier zu werden. Auf dieser Entdeckungsreise nach innen können erste Abgründe irritieren und Angst auslösen.

Hier ist das spirituelle Menschenbild hilfreich. In allen Traditionen spricht es von einem «Kern» oder «Grund» in der eigenen Tiefe. Die Namen dafür sind vielfältig: «Selbst», «Geist», «Seele» oder «reines Bewusstsein». Es reicht für Kontemplations-Anfängerinnen und -Anfänger bereits, sich eine derartige «Mitte» als Möglichkeit vorzustellen. Es genügt die Vermutung, dass sich dort ein Zugang zur «unkonditionierten Wirklichkeit» – zum Göttlichen – finden lässt.

Wer sich hier herantastet und zu üben beginnt, realisiert, dass er oder sie zwar punktuell Entlastung findet, dass aber insgesamt ein lebenslanger Weg ansteht. Immer wieder sind neue Anläufe nötig. Viel Lärm und Ablenkung stehen dem Gegenwärtig- und Gesammeltsein entgegen.

III. Schattenräume erkunden

Was ist dieser «Schatten»? Der Schatten ist der «unheimliche Bruder», die «unheimliche Schwester» jedes Menschen. Alles, was nicht ins eigene Ich-Ideal passt, spalten wir von uns ab und verbannen es in einen unbewussten Bereich. Auch seelische Verwundungen und Erschütterungen lagern wir in dieser Schattenzone ab. Von dort aus steuert dieses Weggeräumte (un)heimlich unsere Gefühle und Reaktionen. Es schadet uns und anderen. Das Verbergen all dessen, was wir nicht sein oder spüren wollen, kostet uns enorm viel seelische Energie.

Hier gilt es, eine gründliche Inventur zu machen. Das ehrliche Wahrnehmen der eigenen Dunkelzone ist zunächst eher beschämend als befreiend. Beim Beten oder Meditieren lockt die Stille wie von selbst die Inhalte dieser emotionalen Depots hervor. Kommen sie in dosierter Form hoch und werden angenommen, geschieht «göttliche Psychotherapie», wie der Zisterzienser Thomas Keating diesen Vorgang bezeichnet. Sind die Wunden zu gross, ist dafür professionelle Begleitung angesagt.

Schattenarbeit ist keine Erfindung der Neuzeit. Jesus verwies bereits auf den Balken vor den eigenen Augen

(Mt 7,3). Auch die Wüstenväter und -mütter praktizierten sie als Ergänzung ihres kontemplativen Weges. Diese ehrliche Selbstkonfrontation birgt eine grosse Verheissung: Sie vermag die ursprünglich negativen Emotionen zu verwandeln: etwa Gier in Grosszügigkeit oder zorniges Kritisieren in Klarheit und Unterscheidungskraft.

Diese Erkundung verlangt viel Akzeptanz und Mitgefühl mit uns selbst. Sie ist eigentliche Vergebungsarbeit. Es braucht Einsicht in das, wir uns selbst antun und Verzicht auf das alte «Schuldverschiebespiel» auf andere. Die Desillusionierung über uns selbst auszuhalten, immer wieder mit unserem fehlerhaften und beschädigten Wesen Freundschaft zu schliessen, bleibt eine lebenslange Aufgabe.

IV. Den Herzraum überlassen

Der Ort der Weisheit liegt nicht im Kopf. Unsere Glaubenstradition siedelt ihn im Herzen an. Es ist ein anderes «Denken»: ein empfindsames, differenziertes, intuitives, imaginatives. Denken wir mit dem Herzen, schalten wir gleichsam auf ein anderes «Betriebssystem» um: «Denn die Weisheit wird in dein Herz einziehen, und das Wissen wird deiner Seele wohltun.» (Spr 2,10)

Die Begegnungen im Gebet, in der schweigenden Meditation, sprengen das eigene Gottesbild. Die Vorstellung vom «Geheimnis Gott» wird immer weiter. Sie lässt auch Gegensätze zu wie: Gott ist absolute Leere und unfassbare Fülle. Gott ist ein Du, eine Person und trägt das Gesicht Jesu, und ist gleichzeitig ein weites «Meer ohn Grund und Ende». Letztlich ist Gott in der «Wolke des Nichtwissens» verborgen, und trotzdem können wir uns im Vertrauen auf ihn beziehen und in ihm gründen.

Den Herzraum Gott zu überlassen, ist ein Akt der Hingabe. Immer wieder gilt es, Widerstände loszulassen, um in Resonanz mit dem Heiligen zu gelangen. Hingabe ist wohl deshalb so schwierig, weil sie uns in eine Haltung der Unverfügbarkeit versetzt, in der alles geschehen kann, auch Veränderung. Aber die Kontrolle abzugeben, geführt zu werden – und dann vielleicht noch anderswohin, als wir es uns vorgestellt haben–, das mögen wir selten. Die Unservater-Bitte «Dein Wille geschehe» stärkt die Bereitschaft für dieses Unberechenbare.

V. Im Zwischenraum wirken

Wahre Spiritualität führt in die gemeinschaftliche Dimension alles Lebendigen. Gerade Martin Buber betonte immer wieder diesen Kernpunkt im jüdischen Denken: Jeder Mensch möge als dienendes Wesen im Schöpfungsganzen wirken, keine Seele finde ihr Ziel in sich selbst oder dem privaten Heil. Es geht um den «Sprung ins Tun».

Die Zusammengehörigkeit, das geteilte Leben in Mitgefühl und Verbundenheit sind hier im Blick. Es geht um den Zwischenraum zwischen Individuen, zwischen Ich und Du, in dem sich etwas verändert im Sein und Handeln.

Von einem spirituell vertieft praktizierenden Menschen ist zu Recht Entgegenkommen und Wohlwollen zu erwarten. Es darf nicht nur, es soll etwas von der inneren Veränderung nach aussen dringen. Eckhart Tolle formuliert es so: «Du bist verantwortlich für deinen inneren Raum, niemand sonst, so wie du auch für den Planeten verantwortlich bist.»

Mystische Spiritualität bedeutet, Gott in allem wahrzunehmen und diese Gegenwart selber anschaulich zu machen, besonders gegenüber bedürftigen oder leidenden Menschen. Sie macht derart Betende wach, sodass sie der Gleichgültigkeit widerstehen und ihre kreative Fantasie einsetzen.

VI. Ganz da sein

Wenn wir kontemplativ leben, verlagern wir unser Bewusstsein immer mehr in die Gegenwart. Wir sind präsent im Hier-und-Jetzt. Wir erleben zunehmend die Fülle des Augenblicks. Der Chronos wandelt sich zum Kairos. Wir nehmen die Vergangenheit bewusst und ohne Bitterkeit an. Wir planen zwar Zukunft und malen uns Perspektiven aus, aber bleiben dennoch offen und absichtslos.

Als Menschen unter solchem Vorzeichen wirken wir bescheiden und unaufgeregt. Wir können uns relativieren, weil wir uns als Teil des grossen Ganzen begreifen. Wir müssen die Welt weder allein tragen noch retten. Wir können überall Gott am Wirken sehen.

In einer kontemplativen Lebenshaltung, die aus dem Schweigen kommt, brauchen wir auch nicht dauernd von Gott zu reden. Aber wir erleben ihn genau dort, wo wir sind, und richten uns auf das aus, was uns unser «gottempfängliches Herz» eingibt. Wir leben selbstverständlich Beten und Handeln, Kontemplation und Aktion in- und miteinander. Ohne uns zu erschöpfen, weil wir unsere Kraft aus der unerschöpflichen Quelle des Lebens selbst beziehen. Nur scheinbar paradox kommt diese Kraft aus dem Nichtstun, aus dem stillen Lauschen auf das Heilige.

ICH LERNE
und sage dann von dem was ich gut kann
ICH BEHERRSCHE ES

es macht
meine ach so sichere welt
erklärung loszulassen
wie schutzlos wie ausgeliefert
— aber gott-sei-dank
wieviel beherrschung und verkrampfung von mir abfällt
wenn ich die reissleine ziehe und mich
nicht länger mit meinem kopfinhalt identifiziere

wenn wissen macht bedeutete
und verstehen dominanz wie
wahres verstehen ist einsicht ins eigene nicht-wissen
in die eigene geprogrammierung meines verstands

ICH BIN
DER ICH
BIN

I. Neue Denkräume ertasten

Wenn wir verstehen, dass unser alltägliches Leben zu einem nicht unerheblichen Teil aus Fluchtverhalten besteht, um nie mit unserer innersten Wirklichkeit in Berührung zu kommen, haben wir die Möglichkeit, dem Einhalt zu gebieten. Doch wenn es darum geht, bloss nicht mit unserem innersten Selbst in Berührung zu kommen, sind wir sehr erfinderisch.

Katharina Ceming

Aber hat irgendjemand jemals verraten, dass die erste Botschaft in den Evangelien, die in der Regel mit «sich bekehren» oder «Busse tun» wiedergegeben wird (Mt 4,17; Mk 1,15), das griechische Wort «metanoia» ist, was wörtlich übersetzt bedeutet «Ändert euer Denken»? Jesus erstes Wort an uns war «Veränderung»! Und zwar Veränderung des Denkens!

Richard Rohr

metanoia
das erste wort jesu
an uns
ändert euer denken

weil alles
im kopf beginnt
das dickste brett
oben sitzt
der kleine ausguck
durch den röhrenblick

metanoia
sinnes-änderung
denk-umkehr
sicht-wechsel
horizont-erweiterung
perspektiven-vermehrung

die erste einladung
zum glauben
also
die aufforderung
ein neues sehen
zu lernen
das was ist
neu zu denken
weit
über den verstand
hinaus

so viel werben
und anpreisen

so viel ködern
und einreden

so viel locken
und einflüstern

dass es schwierig ist
zu wählen
wem das ohr
leihen
wem das herz
zuneigen

paradoxer rat
als entscheidungshilfe

je leiser
desto wahrer

jede jeder
ein harmonisch arbeitendes
wunderwerk

sekunde für sekunde
fünfzehn millionen neue
rote blutkörperchen

mein herz schlägt
tagtäglich unablässig
hunderttausendmal

für ein einziges lachen
aktiviere ich siebzehn muskeln
allein in der gesichtsregion

alltägliches
unbemerktes
meist übersehen

aber dafür geweckt
davon überrascht
darüber verblüfft

erwacht in mir
unvermittelt
dankbarkeit

wen vermöchte ich
zu verändern
ausser mich selbst

wen könnte ich
erst einmal
gründlicher kennenlernen
wen endlich
ernst nehmen
ausser mich selbst

wen könnte ich
erst einmal
achtsamer begleiten
wen schon heute
zu lieben beginnen
ausser mich selbst

und dann

dann ist es
wie mit einem stein
der ins wasser fällt
und kreise zieht

bin ich
ein einsamer wolf
ein biologischer zufall
ein konkurrenzgeschöpf
ein gefallener engel

bin ich
ein angstwesen
eine überlebenskämpferin
ein allerleirauh
eine neurosenansammlung

schleier gelüftet

ich bin eingeladen
an den tisch gebeten
an der göttlichen tafel
umsorgt
bewirtet
bedient
beschützt
vom leben
ins leben
geliebt

mit stöpseln
im ohr
im joggingschritt
durch wald und flur

die work-life-balance
im kopf
den race belt
um die hüfte
das tracker band
am arm

all die accessoires
verhindern
fast immer
dass die natur
mit aller kreatur
zum gotteserlebnis wird

obwohl gott
ja wirklich
im wald wohnt
nicht nur
aber auch

immer wieder
atemlos
voll im speed
keine handbreit freiraum
alles getaktet
etappiert
befristet

früher hatten die noch
epochen
phasen
perioden
zeiträume
volle verschwendung

und zeit
unglaublich
für müssiggang
und spintisieren
zum philosophieren
und flanieren

ja damals
hätte ich auch musse gehabt
prioritäten zu setzen
das wichtigste zuoberst

träfer uraltspruch vom
aussen-fix-und-innen-nix

wenn nur dieses
retouchieren
implantieren
aufspritzen
aufbrezeln
fotomontieren
spiegelglattpolieren
nicht so verdammt
attraktiv
daherkäme
und so blendete

ach
käme
der glanz
doch
von innen

den status quo
zementieren
gefällt dem ego
es hasst veränderung

die gesellschaft
leistet schützenhilfe
fortlaufend
brütet sie
neue erwartungen
neuer influencer
aus

wie man sich gibt
wie man sich kleidet
wie man sich vergnügt
wie man auftritt
und abtritt
im leben

gib dich nicht preis
lös die fesseln
entwinde dich dem zwang
sei ausgelassen
lebendig
dich selbst

such dir ein kind
als lehrer
staune mit ihm
in die welt
lass dich begeistern
von seiner neugierde
anstecken
von seiner entdeckerlust
sprachlos machen
von seinem warum-ist-das-so
einladen
in seine träume
verführen
von seinem hang zum unergründbaren

wage es
mit dem kind
wie ein kind
so spontan
und hingebungsvoll
so ganz ohne schere im kopf
hinter die vordergründige welt
zu äugen

absichern
ist das halbe leben
wohl klug

weil doch
vieles so gefährlich
so heikel
so schmerzhaft
so bedrohlich ist

wer will sich schon
gefährden
riskieren
aussetzen
aufopfern gar

aber anders
wird aus der unter-verschluss-halterin
keine freigelassene
wird aus dem erbsenzähler
kein grosser liebender

ich denke
also bin ich
behauptet der kopffüssler
und dreht weiterhin
seine hirnwindungs-pirouetten

kritisch und vernünftig
erschliesst er sich die welt
schlau und sezierend
entzaubert er die natur

er applaudiert der aufklärung
die schluss gemacht hat
mit den alten mythen
normen und dogmen

möge er seine zweifel nähren
und seine skepsis
ob nicht vielleicht doch
auch wenn man nichts genaues weiss

möge er sich ab und zu erlauben
nichts zu verstehen
aber ahnend offen zu sein
für das undenkbar präsente
darüber-hinaus

ich lerne
und sage dann von dem
was ich gut kann
ich beherrsche es

wie wenn wissen
macht bedeutete
und verstehen
dominanz

wahres verstehen
ist einsicht
ins eigene nicht-wissen
in die enge programmierung
meines verstands

wie schutzlos es macht
meine ach so sichere welterklärung
loszulassen

aber gott sei dank
wieviel beherrschung
und verkrampfung
von mir abfällt
wenn ich die reissleine ziehe
und mich nicht länger
mit meinem kopfinhalt
identifiziere

schlösser knacken
käfige öffnen
gitter zerlegen
mauern einreissen
freilaufende katzen
freilaufende hühner
freilaufende kinder
erobern die welt
dem kopfautomaten
den stecker ziehen
freilaufend flattern
gedanken hinaus
den losen stift
in der entspannten hand
kreativ schreiben
mäandernd neu
wildwuchs
keimt auf
schiesst ins kraut
ungezähmt
ungehemmt
vital

wenn starke
schwächeln
und mächtige
schwanken

wenn kräftige
serbeln
und geschwellte
scheitern

wenn potente
erschöpfen
und straffe
abschlaffen

dann wird es zeit
für dein lied
maria
das aus unten
oben macht
magnificat

in diesem scharfen wort
in diesem schwierigen schritt
in diesem schmerzhaften angriff
in dieser widerspenstigen entgegnung
enttäuschenden absage
das mich verwundet
und dadurch wendet
das mich zuinnerst trifft
das mich klärt
und plötzlich verstehen
da ist das heilige
reine gegenwart
da ist das heilige
das in vielerlei gestalt meinen stolzen käfig zerbricht
geheimnisvoll zerreisst es meine zäune
meinen selbstschutz
und rührt an meine ungeahnte
tiefere lebendigkeit

II.
Meinen Innenraum gewahren

Spiralig, dynamisch, einzigartig ist der innere Weg für einen jeden Menschen. Es gibt nicht einen Weg, der einem anderen gleichen würde. Jedes Wesen, jeder Mensch ist einzigartig und so auch seine Entfaltung hin zu dem, was namenlos ist.

Annette Kaiser

Rabbi Susja sagte kurz vor seinem Tod: «In der kommenden Welt wird man mich nicht fragen: ‹Warum bist du nicht Mose gewesen?› Man wird mich fragen: ‹Warum bist du nicht Susja gewesen?›»

Chassidische Weisheit

wer bin ich
immer wieder
diese wichtigste frage
und keine endgültige antwort

ich suche zu recht
im gegenüber
niemand ist eine insel
alle sind geprägt
geworden geformt

wer bin ich
für meine eltern meine liebste
meinen lehrer meinen freund
meine firma meinen berater

wer bin ich noch
über das gestresste wesen hinaus
das sich laufend anpasst
und verformen lässt

wer bin ich wirklich
in der wahren ver-antwortung
auf und für das leben

nicht einfach
das mit dieser
persönlichkeit

reif sein
ungekünstelt
und gelassen

wollen schon
aber können

gewiss nicht
mit diesem kniff
der selbstoptimierung
reiner bluff

wenn schon
dann ehrlich werden
vor allem ich mit mir

und durchlässiger
für toleranz und humor
für gesund egoistisches

neugierig auf mein
spannend einmaliges
gemenge

schon am morgen
keck
mich selbst
anstossen

warum nicht heute
meinem leben
eine andere richtung geben

einen traum wahrmachen
etwas ungehöriges tun
ein geheimnis lüften
einen verführerischen blick wagen
einen herzenswunsch
endlich
ernstnehmen

wenn es nur meines ist
stimmig
unverstellt
wird es mir gut tun
und dir auch

bist du es schon
oder willst es werden
liebhaber liebhaberin
des lebens

die zutaten wären
standzuhalten
allem angriffigen
durchlässigkeit
für den *wind of change*
mut
liebe zu empfangen
ablehnung anerkennen
nahbar sein
und nähe schaffen
leidenschaft wagen
von ganzer seele
volle vitalität
leben im durch- und überfluss
aus der quelle selbst

vor lauter möglichkeiten
verlockungen
zwängen auch und
angstgesteuertem
werde ich leichter
zur karikatur
zur kopie
oder fälschung
anstelle des originals
als das mich
die göttliche spielfreude
von anfang an
träumt

kein wunder
fliehen viele
die in die stille gehen
zurück ins getriebe

sie erschrecken
über den tumult
der losbricht
im bewussten schweigen

nicht zum aushalten
die argen erinnerungen
die ungeklärten emotionen
das heulende selbstmitleid

völlig aussichtslos
hier leise warten
nichts als beobachten
kommen und gehen lassen

zweifel überfluten
wogen von gegenwehr
erfinderisch die ausflüchte

das wird nie was
nichts wie weg

gott
in seiner
kreativen energie
findet für jede jeden von uns
exklusive wege
um seine zuwendung
spürbar zu machen

als liebender
schaut er in unser herz
als geliebte
antworten wir
auf dieses gesehen-werden

eine entflammt
ein anderer fliegt
eine tanzt
ein anderer wird reglos
eine fällt ins dunkel
ein anderer steigt ins licht
eine singt
ein anderer verstummt

gemeinsam uns allen
wir werden
eingeweiht

oft genug
geht der weg
der reife
der weg
zum geheimnis gott
durch abgründe
und verluste

jemand verliert
sein kind
seine gesundheit
sein haus
seinen ruf
seine arbeit
seine rente
seine kraft
seine hoffnung

jemand verliert
was ihn hält
und fällt
in dunkle nacht
in totale verlassenheit
scheinbar
ohne rück- und ausweg

leise und oft
unerträglich lange
warten umbruch
und wachstum
auf ihre zeit

ich bin ein lochwesen
schaut her und beweint

das orale sättigungsloch
das meine mutter verursachte

das dazugehörigkeitsloch
das meine kindergärtnerin verstärkte

das anerkennungsloch
aus der gesamten schul-leidens-zeit

das sicherheitsloch
das böse peers erschufen

das riesige liebesloch
aus ungezählten vernichtenden anläufen

beklagt mit mir
alle verzweifelten versuche
diese löcher zu stopfen

sage mir keiner
das nichts-mehr-wollen
könne mich erlösen
die geistige armut

so idiotisch demütig
will ich
gar nie
sein

dem bescheidenen
genügt ein schlupfwinkel

der ungeborgene
wünscht sich ein nest

dem jugendlichen
tut's eine bude

der künstler braucht
sein refugium

je nach rang und stand
soll's eine wohnung sein
ein haus
ein anwesen
eine burg

wir verlangen nach zuflucht
nach einer beständigen bleibe
wo wir uns verschanzen können
gegen die flüchtige zeit
gegen die zumutung
der vergänglichkeit

seid vorübergehende
so lädt der
ohne nest und grube
in die nachfolge

vielleicht bist du
hineingetauft worden
hineingepredigt
hineingebetet

ins christliche
ins religiöse
ins spirituelle

vielleicht hast du
heilige menschen umarmt
heilige stätten aufgesucht
heilige schriften erkundet

möge dies alles
dir nicht
im weg stehen

mögest du
leer werden
von wissen bildern riten

auf dass gott dir
überwältigend neu
aufgehe

wie kostbar
wenn du dich
einfach nur
in frieden lässt

was dir auch immer
in diesem moment
durch den sinn geht
nimm es wahr

schau dir selbst zu
sei achtsam da
nimm gespannt teil
misch dich nicht ein

ein impuls kommt
du beobachtest nur
und er verebbt
sein kitzel verfliegt

ein gedanke springt dich an
du springst nicht auf
er entweicht
wie heisse luft

du bleibst absichtslos
und entspannst dich
immer tiefer
ins schlichte hiersein

und
plötzlich
verstehen
da ist das heilige

in diesem scharfen wort
in diesem schwierigen schritt
in dieser widerspenstigen entgegnung
in diesem schmerzhaften angriff
in dieser enttäuschenden absage

da ist das heilige
das mich zuinnerst trifft
das mich verwundet
und dadurch wendet
das mich klärt

geheimnisvoll
zerreisst es
meine zäune
meinen selbstschutz
und rührt
an eine ungeahnte
tiefere lebendigkeit

das ist das heilige
das in vielerlei gestalt
meinen stolzen käfig
zerbricht

trans
formation
geschieht
unten
durch
unser
ohngrund
ende

anschauen
was ich erlitt was ich ertrug und mir
aushalten opferte vermasselte zurechtbog
woran ich schuldig und verriet
wurde
AUFDECKEN zerstörte
LOSLASSEN SCHICHT UM SCHICHT
UND BIS ICH MIR SELBST IN
keiner Weise mehr sicher bin GE-NICHTET
BIN
ihn aushalten samt seiner Totenstille
MEINEN KARSAMSTAG

III.
Schattenräume erkunden

Unbehagen, Besorgnis, Spannung, Stress, Sorgen – alle Arten von Angst – entstehen durch zu viel Zukunft und nicht genug Gegenwart. Schuld, Bedauern, Groll, Kummer, Traurigkeit, Bitterkeit und Unfähigkeit zu vergeben entstehen durch zu viel Vergangenheit und nicht genug Gegenwart.

Eckhart Tolle

Wir machten eine gründliche und furchtlose Inventur in unserem Inneren.

Zwölf-Schritte-Programm der AA

die einladung
hinzuschauen
hineinzuschauen
inventur zu machen
für viele schon anlass
das weite zu suchen

es braucht
unendlich mut
mir selbst zu begegnen
mich hineinzubegeben
in diese dunkelzone

und noch mehr mut
dranzubleiben
an balken und splittern
an schatten und schmerz
an schuld und bösem

hier dann doch
mit zittern und zagen
ein licht anzünden
die düstere landschaft
zu erhellen beginnen

und mit etwas glück
dabei entdecken
wie unerwartet gott
meine schwächen
in stärken
zu verwandeln vermag

aber
gewiss nicht
nachlassen
abschlaffen
trödeln
verpassen
sausen lassen
sagt der zwang
erfolgreich zu sein
gewiss auch nicht
dumm dastehn
blöd aus der wäsche gucken
herumstottern
begriffsstutzig schweigen
einfältig grinsen
sagt der zwang
recht zu haben
und gewiss niemals
sich ducken
nicht getrauen
sich beugen und fügen
sich etwa gar
davonstehlen
sagt der zwang
alles unter kontrolle zu haben
die alten
nannten die zwänge
dämonen

gottes sonne
scheint bösen und guten
auch gottes regen
tränkt beide

was fällt dir
denn ein
frage ich
irritiert

und tief
in mir drin fragt es
schmerzhaft klar
zurück

bös und gut
beides kennst du
gerecht und ungerecht
auch das bist du

wie sollte ich da
unterscheiden
wo die trennlinie
ziehen

was fällt dir
eigentlich ein
bestürzt zu sein
über meine güte

erbaulich
wäre sie nicht
die predigt
über die tatsache
dass jesus
vor dem geld
schärfer warnte
als vor dem teufel

die gier
sitzt tief
und selbstbezogen
im sattel des systems
weckt begehren
macht süchtig
kennt kein mass

hättet ihr
die wahre sehnsucht
sagt der menschenfreund
ich könnte euch
reich machen
an seelenruhe

meinst du
das evangelium
sei eine schrift
für sieger

vergiss
den tugendkatalog
den du dir
selbstgerecht
zugelegt hast
in dem du dich sonnst
und schönst
und selbst betrügst

gib zu
du lügst
du quälst
du verfehlst
du kränkst
du bist dir selbst
dein ärgster feind

und wundere dich
als verlierer
über die einladung
zur kehrtwende

ich bin hier
sagt die bedingungslose liebe
der menschenfreundliche
und wo bist du

erst
wenn etwas
das mir
unendlich lieb ist
zerbricht
und
beim besten willen
auch mit letzter
anstrengung
nicht mehr
zu retten ist
und nichts mehr
bleibt
als scham
und verzweiflung
erst
in diesem
vernichtenden
zu-grunde-gehen
breche ich
völlig ein
hält mich nichts mehr
es sei denn
du

transformation
geschieht
untendurch

anschauen
was ich erlitt
was ich opferte
was ich ertrug
und mir zurechtbog

aushalten
woran ich schuldig wurde
was ich vermasselte
was ich verriet
und zerstörte

aufdecken
und loslassen
schicht
um schicht
bis ich mir
meiner selbst
in keiner weise
mehr sicher bin
ge-nichtet bin

ihn aushalten
samt seiner totenstille
meinen karsamstag

im kopf
sitzt ein uraltes
überlebensprogramm

nur ja
keine angst haben
keinen feind übersehen
nicht untergehen
nicht hintanstehen müssen

nur ja
keine disharmonie
keinen krieg
keinen mangel
keinen fehler

nur ja
die fäden in der hand
und die kontrolle behalten
zugehörigkeit sichern
errungenschaft verteidigen

unbewusst
surrt und sirrt es
zwanghaft lächerlich
paranoid
narzisstisch
mein vielgepriesenes
denken

darauf verzichten
alles immer gleich
zu kommentieren
diskutieren interpretieren

einfach still sein
warten
geduldig dranbleiben
wehrlos ausgesetzt

bis die stille wirkt
immer tiefer
mir unter die haut geht
und ins herz

immer noch
unendlich vieles
tief in mir drin
verriegelt

dort fristet es
sein machtvolles dasein
verklebt und blockiert mich

weggesteckt
wie unwürdig ich mich fühle
wie ungenügend und bedürftig
wie unsicher und einsam
wie hoffnungslos und aggressiv

lauter abgelehnte züge
mühsam versteckt vor mir selbst
treiben es dennoch bunt
torpedieren meinen alltag

hinschauen
mich ihnen stellen
sie kennenlernen
und anerkennen
sie würdigen

und einmal vielleicht
voller verständnis
umarmen

ach
dass ich so klug bin wie doof
so arrogant wie bescheiden
so grünschnäblig wie reif
so stark wie gebrochen
so friedliebend wie streitsüchtig
so naiv wie brillant
so zickig wie anschmiegsam
so aktiv wie faul
so unzuverlässig wie exakt
so ehrgeizig wie schlampig

ich lerne
alles als mir zugehörig
zu anerkennen
seither weniger kampf
kaum mehr scham
selten mehr projektionen

dafür oft schon
freiheit und wahl
im schöpfen
aus meinem eigenen
dunkel-goldenen
fundus

tu das nicht
hände weg

nicht vergleichen
nicht neiden
nicht urteilen

tu das nicht
hände weg
es ist was es ist

lass es geschehen
ohne druck
greif nicht ein

das leben sorgt für sich
es gibt hier gerade
nichts zu kritisieren
nichts zu verändern
nichts zu korrigieren

lass deine erfahrung
lass den anderen
hände weg

lass vor allem auch
dich selbst
in ruhe

sie wirft mich um
und aus der bahn
sie raubt mir den atem
überwältigt mich
diese hinreissende
unbeschreiblich
unübertreffliche
zauberhafte zusage
ich nehme dich
genau so
wie du bist
dich
schattenwurfwesen
hüll ich in licht

und wenn es
heute wäre

mein letzter tag
mein letzter kuss
mein letztes necken
mein letztes kopfschütteln
meine letzte klage
mein letztes glas wein

der welt
würde morgen
nichts fehlen
fast nichts

so lass mich schrumpfen
auf steinchengrösse
im achtmilliardenfach
gesprenkelten mosaik

und dennoch
mutig sagen
aber heute
bin ich noch da

vor gott sein mit allem
was belastet zur klage verleitet und kummer macht
nicht
doch in emotionen baden kein vorbeten
wie wo wann gott was zu tun habe
sorgen stehen lassen es aushalten
im ungewissen im halbdunkel nach innen gekehrt
bis das schwache herz absichtslos wortlos
aufgeht und alles überein stimmt
der gottheit

IV.
Den Herzraum überlassen

Das grundlegend Gute in unserem Innersten ist unser wahres Selbst, dessen Kern Gott ist. Die Annahme der Tatsache, dass wir von Natur aus gut sind, ist ein Quantensprung auf dem geistlichen Weg.

Thomas Keating

Gott ist ein lauter Nichts.
Ihn rührt kein Nun noch Hier.
Je mehr du nach ihm greifst,
je mehr entwird er dir.

Angelus Silesius

was wäre
wenn das
wahr wäre
dass ich gut bin
und ganz
und hell
und heil
in meinem kern
dem ewigen
unzerstörbaren

dann könnte ich
einpacken
mit meiner enttäuschung
meiner resignation
meiner opferklage
meinem schuldverschiebespiel
meiner selbstverachtung
und selbstanklage

sollte dies gewaltige
wirklich
wahr sein

sprenge mir
kopf-herz-bauch-fessel
dass ich es fasse

tu es
dem mandelbaum
gleich
der
nach gott gefragt
stumm
zu blühen beginnt

wo die worte
enden
und auch mit stammeln
kein staat mehr
zu machen ist

wo die gipfelerlebnisse
verdunsten
unwirklich werden
auf- und davonfliegen

etwas zartes
unmerklich sichtbares
immer offenkundigeres
stetig wachsendes
endlich voll anschauliches
aus mir
hervorblühen lassen

so dass ich
nach anderswelt dufte
und schweigend
mit dir
brot breche wein teile

fängst du an
wo ich aufhöre
oder ragst du
in mich hinein

gehe ich
in dir auf
oder du
in mir

bin ich
eine welle
in deinem meer
aus liebe

wie auch immer

wenn ich nur
zwischendurch
distanzlos
einverleibt bin

in dich ein
in dir unter-
gehen
darf

im schweigen
erleben
wie die zeit
weit wird
und wächst
und sich erfüllt

ins stillsein
vertiefen
auf den grund
gelangen
in den urgrund
geburtsort von allem

ganz dasein
geerdet
nachgiebig
durchlässig
für das geheimnis gott
in dem ich wurzle

beten
mit haut und haar

hände
um ein dunkel falten
kopf und knie senken

sich zu boden werfen
hingabe pur
aufgehen darin

anbetungsgeste
mit armen gen himmel
freudentaumel

eine steinskulptur stapeln
ihr gleichgewicht finden
mit ihr eins sein

alles möglich
vieles hilfreich
auch der körper
liebt zu beten

subtilste weise
sich einzuschwingen
auf gott-ist-da
stimmgabel sein
für den o-ton

jetzt
einfach nur
raum öffnen
in dem
das göttliche
mich vollkommen
weiss
und ich
mir selbst
seelenruhig
abhandenkommen
darf

vor gott sein
mit allem
was belastet
zur klage verleitet
und kummer macht

doch nicht
in emotionen baden
kein vorbeten
wie wo wann
gott was zu tun habe

sorgen stehen lassen
es aushaltern
im ungewissen
im halbdunkel
nach innen gekehrt

bis das wache herz
absichtslos
wortlos
aufgeht
und alles
über-ein-stimmt

die seele
öffnen
weiten
dehnen

sie spreizen
auffächern
spannen bis zum bersten

einer geschmeidigen blase gleich
die ins himmelweite wächst
bis ihre schillernde membran
den horizont berührt

dann ist sie
durchlässig
ganz und gar
zwischenräumig

für balsamschwaden
und lichtgeräusch
für vogelflug
und geistwehen

klang
als bild
für das göttliche

klang
als einladung
auf den weg
zum göttlichen

in allen kulturen
wird gesungen
psalmodiert
mit der stimme
improvisiert

werden mantren
gechantet
vokale gesummt
heilige gesänge
in endlosen schlaufen

einsingen
einschwingen
eingehen
in göttliche resonanz

hör nicht auf
mir ein schnippchen zu schlagen
mich zu narren
zu verblüffen

hör nicht auf
dich zu entwinden
mir zu entwischen
zu entschlüpfen

du unantastbarer
du selten erhaschter
du unzähmbar
geheimnisvoll anderer

ich weiss nur
dass ich dich
nicht fasse
gott

du bist nicht ewige
du bist nicht schöpfergeist
nicht gnädiger
du bist nicht brunnquell
nicht allweise
du bist nicht himmlischer
nicht machtvolle
noch friedefürst

erst wenn ich
dich lasse
herauslasse
aus meiner sprache
aus meinen bildern
bildest du dich mir ein
wirst du in mir bild
erwach ich
sprachlos
als dein ebenbild

erst hinterher
nach dem flow
wenn ich mir
wieder
über die schulter blicke
mein tun
kommentiere
mein denken
bewerte
das nachbeben
vom glück
eben
für eine kleine ewigkeit
völlig
aus der zeit
gefallen zu sein

empfehlung
der alten mönche
führe dein denken
ins herz

nicht sentimental
ohne gefühlsduselei
konkret körperlich

etwas das nervt
oder kränkt
in den herzraum
senken
es dort durchpulsen
erwärmen lassen
vom lebensorgan
vom liebeszentrum
vom wendepunkt
schlechthin

und hinterher
den herzimpuls
als neue denkweise
aufsteigen lassen
zurück
in den kopf

Wahres Wesen
so dankbar
so verantwortlich
zu wirken
bedeutet generativ
zu leben und macht
überdies noch glücklich

konkret
versuchen
es zu tun
gegenwärtig
wahrnehmen
wie und was jetzt dran ist
und zu greifen
es anpacken
der ablenkung widerstehen

eine kurzformel
für gutes leben
gutes handeln STOP-LOOK-GO
innehalten hinschauen handeln

V.
Im Zwischenraum wirken

Die Liebe ist das Licht, in dem wir alle Dinge gemäss ihrem wahren Ursprung, ihrer wahren Natur und ihrer wahren Bestimmung sehen.
Wenn wir es nur vermöchten, die Welt liebevoll anzublicken, würde sie sich wie eine Einladung vor uns auftun – tief und angefüllt mit Möglichkeiten.

John O'Donohue

Die wichtigste Stunde ist immer die Gegenwart,
der bedeutendste Mensch ist immer der,
der dir gerade gegenübersteht,
das notwendigste Werk ist stets die Liebe.

Meister Eckhart

jetzt
ich dich
lieben

schlichter
geht's nicht

viel zu simpel
sagt die kluge
viel zu billig
der komplexe
viel zu wenig
die anspruchsvolle

jetzt
ich dich
lieben

das wahre
ist so anstössig einfach
zu erfassen

und
so herausfordernd schwer
zu leben

sie ziehen lassen
alle du sollst
du könntest
du musst
es ist deine pflicht

appelle
verhallen lassen
zwänge
anhalten
bedrängendes
beruhigen
arbeitssucht
entlarven

und das nichts-tun
aushalten
a u s h a l t e n

bis irgendwann
ein impuls
zu inspirierter tat
aufblitzt

gemittet sein
verankert
verwurzelt
aufrecht
wie ein schilfrohr

und dann
im wind
fantastisch
elastisch
auf biegen
und brechen
mit schwanken
und wanken
raum greifen
mich veräussern
hinauslehnen
im lieben

es glückt
gemittet
in meinem
gottgründigen
steh-auf-herz

ich gehe
in den wald
du bist da

ich begleite
eine sterbende
du bist da

ich folge
dem pilgerweg
du bist da

ich höre
einem flüchtling zu
du bist da

ich singe
brahms' requiem
du bist da

ich bleibe
einer depressiven nah
du bist da

du
mir da
vielgesichtig
entgegenkommend
zugewandt

worum geht es
im leben

etwa ums siegen
und gelingen

oder ums kämpfen
und übertrumpfen

gar ums rechthaben
und drankriegen

oder ist nicht das
wirklich wichtig
was bleibt
und überdauert

bescheiden also
die ver-rückten dimensionen
zurechtrücken

den eigenen engen blick
die eigene kleine tat
als farbtupfer
als flüchtigen pinselstrich
erkennen
im grossen bild

die eine
wahrhaftige tat
vollbringen

etwas beherzt
und couragiert
wagen

etwas entschlossen
und tapfer
durchziehen

etwas unbeugsam
und unerschrocken
aushalten

etwas bereitwillig
und unaufgefordert
opfern

zuletzt
sagen können
wenigstes
dies eine mal
wuchs ich
kühn
über mich selbst
hinaus

für einmal
nicht die positiven
im blickfeld
diese heiteren umdeuter
und wohlbehagenjunkies
in deren gegenwart
die leichtigkeit des seins
schwebt und prickelt

die anderen
ins auge fassen
ohne den blick abzuwenden
die schweren
und belasteten
die zu kurz gekommenen
gefangen in ihren anklagen
behindert von ihren ängsten
verunsichert in ihrem wert
verwickelt in ihre süchte

auf augenhöhe bleiben
den spiegel wahrnehmen
mitgefühl entfalten
mit der toxischen welt
und ihren vergifteten bewohnern

das wort
das du sein kannst
zum trost
zum mut-machen

kurz und bündig
und lebens-not-wendig

lautet
vielleicht
nur

ich sehe dich
diesmal klappt es
du bist wichtig
stopp dein drama
pfeif auf die disziplin
du darfst auch nein sagen
du weisst genug

wenn ich
allen
um mich herum
in meiner vorstellung
eine goldene krone
aufsetze
bin ich
augenblicklich
königskind
unter
königskindern

erkenne dich
als wesen zweier welten
dringe zum wesen vor
das tiefe und höhe bewohnt

nicht dass dann
alles einfach wäre
oder leicht
oder erfüllt

die welt ist noch da
mit ihren ansprüchen
ihren verwerfungen
dem was ängstigt

der alltag zehrt noch
löst alte reflexe aus
verlangt nach einsicht
und klugem einsatz

aber alles ist weiträumig
vom raum-zeit-begrenzten
zum umfassend unbegrenzten
und immer öfter
gelingt der spagat

meinen kleinen kosmos
immer wieder
in die wahren dimensionen
zurechtrücken
nur für unsereiner gilt
small is beautiful

denn
myriaden von galaxien
und sternenhaufen
streben auseinander

dynamisch rotieren sonnen
gaskugel-leuchtkörper
wachsen und kollabieren
winde verbreiten sternenstaub

urmaterie aus dem nichts
staubteilchen und gaswolken
werden überraschend
zu baumaterial des lebens

atome unterwegs im universum
auf planeten zu gast
formen pflanzen tiere menschen
unbeständig vorübergehend

und die grosse schöpferin ermuntert
bestaunt ruhig
mein unendliches recycling
und seht
wie vollendet alles fliesst

eine kurzformel
für gutes leben
gutes handeln

stop look go
innehalten
hinschauen
handeln

der ablenkung widerstehen
gegenwärtig wahrnehmen
wie und was
jetzt dran ist

und zugreifen
es anpacken
konkret versuchen
es zu tun

so dankbar
so verantwortlich
zu wirken
bedeutet
generativ zu leben

und macht
überdies noch
glücklich

aussen
wie
innen

zwei
seiten
desselben

doppelt
wahrnehmen
einfühlen
aufräumen

beidseits
hegen
heilen
bewahren

du bist
was du denkst
was du sagst
was du wagst

das kind ICH schreit
EINFACH
das handy MITTEN surrt
DRIN
der geschirrspüler IM streikt
ALL
das inserat TÄGLICHEN muss
OHNE WIDERSTAND raus
VOLL GEGENWÄRTIG
VOLL AKZEPTIEREND das auto
WAS DA IST in den service
WAS
die und
DA
offerte drängt ZU TUN IST schon
UND MICH wieder
mittagessen DAHINTER kochen
MACHEN
den wäsche RUHIG UND über
korb stolpern INTERESSIERT
in den musik- EINS NACH DEM ANDERN
unterricht ZU ERLEBEN ohne
ZU TUN üben

VI.
Ganz da sein

Wie merken wir, ob wir uns auf dem Weg zu Wahrheit und Weisheit befinden? Fast alle, die sie gefunden haben, berichten uns von denselben Erlebnissen:
Die Entdeckung eines absoluten inneren Friedens. Das Eintreten einer tiefen Veränderung, die weder gesucht noch erwartet wurde. Der Pegel unseres Bewusstseins steigt stetig. Das Gefühl des Einsseins, das die jeweilige Person durchdringt. Merkliche Zunahme der Freude.

Jorge Bucay

Für den kontemplativen Menschen gibt es folglich kein «cogito» und kein «ergo», sondern nur ein «sum», ich bin. Und das nicht im Sinn der eitlen Behauptung, unsere Individualität sei die letzte Wirklichkeit, sondern als demütige Wahrnehmung unseres geheimnisvollen Daseins als Personen, in denen Gott mit seiner unendlichen Zartheit und unveräusserlichen Macht wohnt.

Thomas Merton

alles
wirklich alles
ist himmelspforte
ist tor und tür
zum geheimnis des lebens

alles ist riss und spalt
ist luke und durchgang
zum wortlos wahren

ein duft ein dunst
ein gesang ein gras
ein wasser eine wolke
ein wind eine wurzel
ein licht ein lachen

staub wird sternenstaub
irdisches wird überirdisch
gewöhnliches wird vollkommen
verworfenes wird auserwählt

die pforte ist offen
zwischen jenseits
und diesseits
von eden

ich bin
aus erde
ein humanum
aus humus
mehr körpersäfte
als geistkräfte

ich bin
ein wurm
mit würmern
im hirn
kriechen kann ich
selten auch
schon mal
hüpfen

und sage
dennoch
ja
zu mir
von-und-zu-staub-wesen

du gehst mit
mein tod
stündlich täglich
jahraus jahrein

in jeder atempause
vor dem nächsten schnauf
in jedem absinken in schlaf

in jedem abschied
und weggehen
in jedem wechsel jeder wende

in jeder davonstiebenden
hautschuppe
in jeder leere
nach der ekstase

durchsichtig
gehst du mit
machst mich zärtlich
für alles lebendige

so übe ich dich ein
bis du mich
mit feinem zeichen
zum letzten tanz winkst

wach sein
und still

den lärm
ausblenden
der ums sich greift
sich breitmacht
verschluckt was er kriegt
wie eine trübe wolke

wach sein
und still
und lauschen
durchlässig werden
sensibel
verwundbar

damit der sinn
dieses augenblicks
mich erreicht
und berührt
auf dass mir gutes
gelinge

das überflüssige
ist lebensnotwendig

ein lächeln
wie ein amuse-bouche

ein vogelruf
als supplement

eine berührung
klitzeklein nur

ein löffelchen honig
völlig unnötig

eine gedichtzeile
draufgesetzt

ein papierstern
ohne nutzen

und sättigt doch
wie schwarzbrot

mein sehnsuchtslied
wenn es denn stimmt
dass man vielerorts
das wort «haben»
nicht kennt

o land
meiner träume
mit einer sprache
die von keinem haben weiss

dort leben
habenichtse
frischfröhlich
drauflos

weil alle teilen
ein- und ausschenken
bescheren und spendieren
und inkludieren

eine meiner liebsten geschichten
die ich endlos
in immer neuen variationen
weitererzählen möchte

ein gleichnis
von gottes präsenz
unaufdringlich
allen schlafenden zum trost

ein mensch
sät samen aus
er schläft
er steht auf
nacht und tag
der same spriesst
und wächst
einfach so
von selbst
bringt die erde frucht
halm und ähre
und vollen weizen in der ähre

sorgloses
erntegeschenk

vielleicht
zwischendurch
ein gipfelerlebnis
himmelstürmend
abgehoben

vielleicht
zwischendurch
auch rückzug
aus sehnsucht
nach wüste und leere

aber nur
zum tanken
und stärken
von frieden
und mut
fürs alltägliche
jetzt-und-hier

das kind schreit
das handy surrt
der geschirrspüler streikt
das inserat muss raus
das auto in den service
die offerte drängt
und schon wieder mittagessen kochen
über den wäschekorb stolpern
in den musikunterricht ohne üben

ich einfach mittendrin
im alltäglichen
ohne widerstand
voll gegenwärtig
voll akzeptierend
was da ist
was da zu tun ist
und mich dahinter machen
ruhig und interessiert
eins nach dem andern
zu erleben
zu tun

natürlich
kannst du alles
mit absicht
und hintergedanken tun
kannst gewinn
und vorteil anpeilen

aber welche leichtigkeit
«sunder warumbe» zu leben
unbekümmert
gelassen und frei
sorglos und leicht
ruhig und freudig

abgelegt alles
eigeninteresse
neidische streben
ichbezogene verlangen
rücksichtslose drängeln

in solcher teilhabe
teilgabe
wirst du
zum wahren
lebenskünstler

vorbild
aller narren
der nazarener

er hätte es ja
zu etwas
bringen können
mit seinem talent
sich einschmeicheln
sich aufblasen

stattdessen
störte er die gewissheit
widersprach ohne worte
genoss wein
verachtete besitz

zu wenig moral
für die ordnungshüter
zu viel himmelreich
für die nichtsnutzigen

wenn jeder
so kapriolen machen
so wunder wirken wollte
wer garantierte dann noch
den ernst des lebens

die menschen
vermögen
eins zu sein
untereinander
und mit gott
lehrte jesus
so wie er selbst
und der ewige
ein ganzes sind

eine vision
ohne spaltung
wir in gott
gott in uns
heiliges geheimnis
kosmische anziehung
erschütternde verschmelzung
wort-ohn-mächtiger liebestanz

könnte ich
so glatt geschliffen
so glänzend rein
ein spiegel sein
licht einfangen
und wiedergeben
seinen hindernisfrei
flutenden glanz
keine erregung
kein gedächtnis
trübte dieses lauterhelle
pur in pur
der himmel
wäre überall
anbrandend
ausfliessend
und wer sein bild
in mir suchte
entdeckte sich
vollkommen makellos

lächeln
ohne grund
einfach so

mitten im wald
oder mitten
auf der kreuzung
auf dem berg
oder im supermarkt

ganz klar sein
frei von allem
hirnen und sorgen

mich einfach
hingeben
an diesen augenblick
vollständig
aufgehen
in diesem heiligen
moment

ich atme ein
in jordanien
steigt eine lerche himmelwärts

ich öffne meine Hand
in nepal
flackert eine kerze

ich richte mich auf
im senegal
lächelt ein mädchen

ich schliesse die augen
vor den azoren
singt ein buckelwal

ich gähne entspannt
im iran
tanzt ein derwisch

alles in allem
mit allem
durch alles

theosis

alles ist
durchwirkt
durchweht
von göttlicher dynamik

heilende
heilige energien
durchziehen
den ganzen kosmos

und der mensch
erfasst von diesem wirbelhauch
erneuert aus dieser energie
ist vergöttlicht

er empfängt
sein wahres dasein
und verbindet sich beseelt
mit der welt und allen wesen

weniger
wird
mehr

reduktion
schafft
glück

stille
klingt
wie musik

weggeben
weggehen
weglassen

reduzieren
minimieren
fokussieren

die perle
bleibt

einfach
leben

Nachweise

S. 17: Katharina Ceming, Ab in die Wüste! Mut zur Selbsterkenntnis – den Wüstenvätern abgeschaut, Kösel-Verlag München, 2013, S. 124 © 2013 Kösel-Verlag, München, in der Penguin Random House Verlagsgruppe GmbH

S. 17: Richard Rohr, Pure Präsenz. Sehen lernen wie die Mystiker, Claudius Verlag München, 2010, S. 104 © Claudius Verlag München

S. 35: Annette Kaiser, Erwachende Seele. Die zwölf Phasen des Gebets. Kösel-Verlag München, 2010, S. 10 © 2010 Kösel-Verlag, München, in der Penguin Random House Verlagsgruppe GmbH

S. 51: Eckhart Tolle, Jetzt! – Die Kraft der Gegenwart, J. Kamphausen Verlag Bielefeld, [7]2003, S. 71f © 2003 J. Kamphausen in Kamphausen Media GmbH, Bielefeld (ISBN 978-3-89901-301-6)

S. 51: www.anonyme-alkoholiker.de/downloads/Zwölf-Schritte.pdf, 4. Schritt

S. 67: Thomas Keating, Das Gebet der Sammlung. Einführung und Begleitung des kontemplativen Gebets, Vier-Türme-Verlag Münsterschwarzach, [4]2019, S. 175 © Vier-Türme GmbH, Verlag, Münsterschwarzach

S. 83: John O'Donohue, Anam Cara. Das Buch der keltischen Weisheit, dtv München, [5]2015, S. 82 © 1997 John O'Donohue © 1997 dtv Verlagsgesellschaft & Co. KG, München

S. 99: Jorge Bucay, Das Buch der Weisheit. Wege zum Wissen. Aus dem Spanischen von Lisa Grüneisen, S. Fischer Verlag Frankfurt a. M., 2015, S. 73 © 2003 Jorge Bucay © 2015 S. Fischer Verlag GmbH, Frankfurt a. M.

S. 99: Thomas Merton, Christliche Kontemplation. Ein radikaler Weg der Gottessuche, Claudius Verlag München, [2]2012, S. 34 © Claudius Verlag München